Inhalt

Geschlossene Immobilienfonds - eine Alternative in der Krise?

Kernthesen

Beitrag

Fallbeispiele

Weiterführende Literatur

Impressum

GENIOS WirtschaftsWissen Nr. 12/2008 vom 09.12.2008

Geschlossene Immobilienfonds - eine Alternative in der Krise?

T.Trares

Kernthesen

- Mit geschlossenen Immobilienfonds hat der Anleger Zugriff auf ein erweitertes Anlagespektrum, das ihn auch von den Schwankungen an den Börsen unabhängiger macht.
- Dem stehen allerdings auch eine Reihe von Nachteilen gegenüber wie etwa eine geringe Regulierungsdichte.
- Derzeit boomt vor allem der Handel auf dem Zweitmarkt, wo die Anteile geschlossener Fonds gehandelt werden.
- Dagegen haben die Initiatoren

geschlossener Fonds im ersten Halbjahr einen deutlichen Umsatzeinbruch hinnehmen müssen.
- Bislang ist die Bedeutung der geschlossenen Fonds als Anlageklasse noch recht gering.

Beitrag

Während in der Finanzkrise die Immobilienaktien in den Keller rauschen und die offenen Immobilienfonds unter Mittelabflüssen leiden, stellt sich die Frage, ob geschlossene Immobilienfonds eine Alternative sein könnten. In der Vergangenheit hat diese Anlageform eine nur untergeordnete Rolle gespielt. Derzeit erlebt vor allem der Zweitmarkt, auf dem die Anteile verkaufswilliger Anleger gehandelt werden, einen Boom. Allerdings haben die geschlossenen Fonds einen zweifelhaften Ruf, da sie Teil des weitgehend ungeregelten grauen Kapitalmarkts sind.

Geschlossene Fonds von Börsen weitgehend unabhängig

Für denjenigen, der in Immobilien investieren will, könnten geschlossene Immobilienfonds in der Finanzkrise eine interessante Option darstellen. Dies liegt unter anderem auch an ihrer speziellen Konstruktion. Die Initiatoren der Fonds sammeln von Anlegern Eigenkapital für die Finanzierung eines Immobilienprojekts. Wenn die erforderliche Summe eingeworben ist, wird der Fonds geschlossen und das Kapital bleibt für die vereinbarte Laufzeit - meist zehn bis 15 Jahre - gebunden. Ein Ausstieg ist für den Investor so gut wie nicht mehr möglich, es sei denn er verkauft seine Anteile über den Zweitmarkt. Damit führen die geschlossenen Fonds eine Art Eigenleben, das sie von den Schwankungen an den Börsen unabhängiger macht. Allerdings haben im ersten Halbjahr 2008 die Anbieter geschlossener Immobilienfonds 34 Prozent weniger Umsatz erzielt als im entsprechenden Vorjahreszeitraum. [(2)](), [(5)](), [(8)]()

Die Vor- und Nachteile geschlossener Immobilienfonds

Bei geschlossenen Immobilienfonds werben die Initiatoren mit jährlichen Ausschüttungen, Inflationsschutz und steuerlichen Vorteilen. Zumindest auf dem Papier bieten geschlossene Immobilienfonds auch eine hohe Transparenz. In den Prospekten werden nämlich die Immobilien ausführlich beschrieben, sprich der Investor kann sich über Standorte, Laufzeiten der Mietverträge und die

Mieter informieren. Manchmal können Investoren gar Einfluss auf die Anlageobjekte nehmen, indem sie sich in Beiräten engagieren. Auch zur Risikostreuung eignen sich die Fonds, da ihre Anteile nicht an den Börsen gehandelt werden. Dem stehen allerdings auch einige Nachteile gegenüber. So haben geschlossene Fonds nicht gerade den besten Ruf. Sie zählen nämlich zum grauen Kapitalmarkt, der keiner staatlichen Regulierung unterliegt. Deswegen tummeln sich gerade dort besonders viele windige Anbieter. Weitere Kritikpunkte sind hohe Gebühren, ein hohes Risiko, die lange Kapitalbindung und eine nur begrenzte Fungibilität - eine Veräußerung des Anteils ist so oft mit hohen Kosten verbunden. (2), (5), (8)

Zweitmarkt für geschlossene Immobilienfonds boomt

In der Regel ist das Kapital während der Laufzeit in dem Fonds gebunden, es sei denn der Investor kann seine Anteile über den Zweitmarkt veräußern. Aufgrund der Finanzkrise wollen derzeit viele Anleger von dieser Option Gebrauch machen. Aufkäufer sind vor allem institutionelle Anleger wie Madison Real Estate oder Tivoli Investments. Der Handel erfolgt etwa bei der Fondsbörse Deutschland, deren

Handelsplattform im Internet (www.zweitmarkt.de) von den Börsen Hamburg, Hannover und München betrieben wird. Im Oktober wurden bei der Fondsbörse Anteile für zwölf Millionen Euro gehandelt, davon 10,7 Millionen Euro in geschlossenen Immobilienfonds. Seit Jahresbeginn beziffert sich der Handel auf mehr als 100 Millionen Euro, davon gut 80 Prozent mit Immobilienfonds. Ferner meldet die Deutsche Zweitmarkt AG (DZAG) für das erste Halbjahr einen steilen Anstieg des Handels mit geschlossenen Immobilienfonds. Hinter der DZAG stehen das Bankhaus M.M. Warburg und das Fondsemissionshaus Salomon als Großaktionäre. (6), (7)

Fallbeispiele

Im Luxemburger Stadtteil Kirchberg prägen Banken und Behörden der Europäischen Union das Bild, der Immobilienmarkt dort bietet gute Perspektiven. Eine Überbauung ist aus geografischen Gründen nicht möglich, die Mieter sind in der Regel zahlungskräftig, ihre Mietverträge langfristig. Der Bonner Initiator IVG Private Funds will dort das Bürogebäude "The Square" finanzieren. Innerhalb weniger Wochen war der Fonds platziert, obwohl die Ausschüttungen mit anfänglich 5,25 Prozent nicht gerade üppig ausfallen. (4)

Die HGA Capital und Colonia Fonds Management GmbH starteten den Vertrieb für den geschlossenen Immobilienfonds HGA/Colonia Care Concept I. Der Fonds investiert in ein Portfolio aus sechs Pflegeheimen an verschiedenen Standorten in Deutschland. Das Investitionsvolumen beläuft sich auf 75 Millionen Euro, davon 36 Millionen Euro Eigenkapital. Die prognostizierte Ausschüttung beginnt mit sechs Prozent pro Jahr, ab 2021 sind es dann sieben Prozent. Anleger können sich ab einem Betrag von 10 000 Euro zuzüglich fünf Prozent Agio an dem Fonds beteiligen. (10)

Die Lloyd Fonds AG vertreibt neuerdings den Immobilienfonds "Moderne Großstadthotels". Bei den Objekten handelt es sich um zwei Budget-Design-Hotels in Berlin und Nürnberg der Marke Motel One. "Moderne Großstadthotels" ist der bisher zweite Immobilienfonds aus dem Hause Lloyd Fonds, der in die Hotellerie investiert. Die beiden Budget-Design Hotels des Fonds gehören zur 2-Sterne-Kategorie. Beide Häuser sind für 25 Jahre vermietet. "Moderne Großstadthotels" hat ein Fondsvolumen von zirka 41,1 Millionen. Euro, darin enthalten sind 13,75 Millionen Euro einzuwerbendes Eigenkapital. Anleger generieren Einkünfte aus Vermietung und Verpachtung. Die steuerlichen Belastungen sind gering und die Verkaufserlöse steuerfrei. Bereits ab März 2009 sind Ausschüttungen von sechs Prozent pro Jahr geplant. (9)

Michael Siefert, Deutschlandchef der Madison Real Estate, kauft derzeit günstig am Zweitmarkt Anteile an geschlossenen Immobilienfonds. "Noch nie gab es so viele Anfragen von Anteilsverkäufern wie jetzt", sagte er. Siefert verwaltet einen Private Equity Real Estate Fund. Bislang hat die deutsche Tochter der amerikanischen Madison International Realty rund 250 Millionen Dollar in Fondsanteile angelegt. Auch andere Investoren wie der H.F.S. Zweitmarktfonds Deutschland 2 oder Tivoli Investments liegen mit ihren erreichten Anlagevolumina über Plan. Dietmar Schloz, Geschäftsführer der zur Wealthcap gehörenden H.F.S., denkt schon über einen dritten Zweitmarktfonds nach. (7)

Die Initiatoren geschlossener Fonds stehen immer wieder wegen undurchsichtiger Machenschaften in der Kritik. Diese thematisiert der Analyst Stefan Loipfinger in seinem Buch Lizenz zum Bauernfang. Die Selbstbereicherungsstrategien der Fondsmanager und das Versagen der Finanzkontrolleure": Neben der Krise der offenen Immobilienfonds beschäftigt sich Loipfinger auch mit dem weitgehend unregulierten grauen Kapitalmarkt, auf dem geschlossene Immobilienfonds, Schiffsbeteiligungen, Private-Equity- und New-Energy-Fonds gehandelt werden. Weil die Bundesregierung dieses Segment bislang weitgehend unkontrolliert lasse, hätten Anleger in der Vergangenheit Milliardenbeträge verloren, lautet die These. Bei einer Reihe von Fondsinitiatoren gehörten "Bilanzskandale, Verbrauchertäuschung und andere illegale Machenschaften fast zur Tagesordnung". (3)

Weiterführende Literatur

(1) Renaissance der Wohnungsfonds
aus Frankfurter Allgemeine Zeitung, 31.10.2008, Nr. 255, S. 49

(2) "Geschlossen" hat Vorteile
aus Rheinische Post Nr. 283 vom 03.12.2008

(3) Ein Analyst rechnet ab Heute wird das neue Buch des unabhängigen Analysten Stefan Loipfinger über die deutsche Fondsbranche ausgeliefert. Nicht nur der Titel dürfte für Aufsehen sorgen
aus Financial Times Deutschland vom 21.11.2008, Seite 22

(4) Initiatoren durchforsten neue Anlageklassen
aus ftd.de vom 20.11.2008

(5) Raus aus der Nische
aus Frankfurter Allgemeine Zeitung, 18.11.2008, Nr. 270, S. B11

(6) Handel mit Anteilen an Immobilienfonds boomt
aus Handelsblatt Nr. 217 vom 07.11.08 Seite 34

(7) Zweitmarktkäufer im siebten Himmel
aus Immobilien Zeitung Nr. 46 vom 20.11.2008 Seite 4

(8) Geschlossene Immobilienfonds erweitern Anlagespektrum Vielfalt an Konzepten - Wegen der höheren Diversifikation sind vor allem Fonds interessant, die in mehrere Immobilien investieren
aus Börsen-Zeitung, 02.10.2008, Nummer 191, Seite B2

(9) News - Lloyd Fonds legt zweiten Immobilienfonds im Hotelsegment auf
aus AssCompact Nr. 10 vom 07.10.2008 Seite 114

(10) News - HGA Capital und Colonia Fonds gehen mit Immobilienfonds an den Start
aus AssCompact Nr. 10 vom 07.10.2008 Seite 116

Impressum

Geschlossene Immobilienfonds - eine Alternative in der Krise?

Bibliografische Information der deutschen Nationalbibliothek

Die Deutsche Nationalbibliothek verzeichnet diese Publikation in der deutschen Nationalbibliografie; detaillierte bibliografische Daten sind im Internet über http://dnb.d-nb.de abrufbar.

ISBN: 978-3-7379-0602-9

© 2015 GBI-Genios Deutsche Wirtschaftsdatenbank GmbH, Freischützstraße 96, 81927 München, www.genios.de

Alle Rechte vorbehalten. Dieses Werk ist einschließlich aller seiner Teile – z.B. Texte, Tabellen und Grafiken - urheberrechtlich geschützt. Jede Verwertung außerhalb der Grenzen des Urheberrechtsgesetzes bedarf der vorherigen Zustimmung des Verlags. Dies gilt insbesondere auch für auszugsweise Nachdrucke, fotomechanische Vervielfältigungen (Fotokopie/Mikroskopie), Übersetzungen, Auswertungen durch Datenbanken oder ähnliche Einrichtungen und die Einspeicherung und Verarbeitung in elektronischen Systemen.